1

Contents

<u>Πρόλογος (prologue)</u>

This book contains a story written in basic Greek, and is suitable for beginners in Greek who want to practice their Greek through texts and reading. The words included in this story are chosen according to two criteria: Firstly, they belong to the beginners' level (A1-A2). Secondly, they are common and useful. In this way, the person reading the story can memorize several everyday words and phrases in order to improve their Greek to a considerable extent.

The story is about Eleni, a girl from Greece. When she goes on holiday to Zakynthos with her family, she accidentally discovers something in the sand that might be of great value. What role does the new neighbor play? Who stole the object after all? Read the story to discover the answers, while improving your knowledge of Greek. A translation of the text into English is given after the end of the story. Also, the reader will find at the end of the book several grammar tables explaining various grammar points of the text.

We would like to clarify that every error you may find in the translation is made deliberately so that the Greek way of speaking, writing, and thinking is understandable through the English language, not the other way around. In this journey, English is just our compass and not our destination.

Enjoy it, and keep learning Greek as much as you can!

1) <u>Η Ελένη θα πάει διακοπές</u>

Η Ελένη είναι δεκατριών χρονών και μένει στην Αθήνα μαζί με τους γονείς της. Από μικρή της άρεσε να ψάχνει για χαμένα πράγματα. Κάθε φορά που κάποιος χάνει κάτι, ρωτάει την Ελένη. Μια φορά βρήκε την τσάντα της μητέρας της, της κυρίας Μαρίας, κάτω από το κρεβάτι της!

Αυτό το καλοκαίρι όλη η οικογένεια θα πάει διακοπές στην Ζάκυνθο. Η Ζάκυνθος είναι ένα νησί στην Ελλάδα, στο Ιόνιο Πέλαγος. Εκεί έχουν ένα σπίτι πολύ κοντά στην θάλασσα με έναν μεγάλο κήπο και πολλά δέντρα. Το σπίτι δεν είναι πολύ καινούργιο, αλλά είναι πολύ όμορφο και η οικογένεια πηγαίνει εκεί μόνο τα καλοκαίρια. Είναι το εξοχικό τους σπίτι.

Η Ελένη είναι χαρούμενη που θα ταξιδέψει ξανά στην Ζάκυνθο. Της αρέσει πολύ το νησί, και το αγαπημένο της μέρος είναι η παραλία κοντά στο σπίτι της. Της αρέσει να κάνει μπάνιο στην θάλασσα, να τρώει φρούτα και παγωτά κάτω από την ομπρέλα και να παίζει με την άμμο. Επίσης, κοντά στο σπίτι τους μένει ο φίλος της ο Γιώργος με την αδερφή του, την Ζωή. Ο Γιώργος είναι δώδεκα χρονών και η Ζωή είναι δέκα.

Η Ελένη αυτήν την στιγμή ετοιμάζει την βαλίτσα της. Η μητέρα της μπαίνει στο δωμάτιό της και της λέει:

- Ελένη! Φτιάχνεις την βαλίτσα σου;

- Ναι μαμά, τώρα την φτιάχνω.

- Μην ξεχάσεις να πάρεις την αγαπημένη σου μπλούζα!

- Εντάξει, ευχαριστώ. Θα την βάλω τώρα στην βαλίτσα.

- Α! Ο πατέρας σου είπε ότι θα έχουμε έναν καινούργιο γείτονα φέτος.

- Αλήθεια; Ποιος είναι; Έχει παιδιά;

- Δεν ξέρω. Το μόνο που ξέρω είναι ότι θα μείνει στην Ζάκυνθο όλο το καλοκαίρι. Θα μας πει ο πατέρας σου όταν γυρίσει περισσότερα πράγματα για αυτόν.

Ο πατέρας της Ελένης, ο κύριος Πέτρος, έρχεται στο σπίτι μετά από μία ώρα. Όλη η οικογένεια είναι τώρα στην κουζίνα και τρώει μεσημεριανό. Μετά το φαγητό, η Ελένη ρωτάει τον κύριο Πέτρο για τον καινούργιο τους γείτονα:

- Μπαμπά, αυτός ο νέος μας γείτονας ποιος είναι; Έχει παιδιά;

- Ναι, έχει δύο παιδιά. Δύο κόρες. Αλλά δεν ξέρω πόσων χρονών είναι. Αυτός είναι ένας κύριος από την Κρήτη και είναι καθηγητής.

- Α, ωραία. Ελπίζω να μην είναι πολύ μεγάλες και να μπορώ να παίξω μαζί τους. Ο Γιώργος και η Ζωή είναι ήδη στην Ζάκυνθο;

- Νομίζω πως ναι.

Η Ελένη, χαρούμενη, περιμένει την ώρα που θα φύγουν από την Αθήνα για να πάνε στο νησί. Αυτή η ώρα φτάνει το επόμενο πρωί.

2) Στην Ζάκυνθο

Η Ελένη και οι γονείς της ξεκινούν το ταξίδι τους νωρίς το πρωί, περίπου στις εφτά. Έχει λίγη ζέστη και ο ουρανός δεν έχει σύννεφα, δηλαδή είναι μια ωραία μέρα. Μέσα στο αυτοκίνητο ο πατέρας της Ελένης, ο κύριος Πέτρος, βάζει μουσική στο ραδιόφωνο, ενώ η μητέρα της, η κυρία Μαρία, που και που τραγουδάει.

Η Ελένη κοιτάει έξω από το παράθυρο και βλέπει μερικές φορές την θάλασσα, και μερικές φορές τα βουνά. Όταν φτάνουν στην Κόρινθο, σταματάνε για να φάνε πρωινό. Οι γονείς της τρώνε τυρόπιτες και πίνουν καφέ, ενώ η Ελένη τρώει ένα σάντουιτς και πίνει ένα χυμό μήλο. Μετά το πρωινό τους, γυρίζουν στο αυτοκίνητο για να συνεχίσουν το ταξίδι τους.

Κάποιες ώρες μετά φτάνουν στην Κυλλήνη, από όπου πρέπει να πάρουν το πλοίο για την Ζάκυνθο. Στην Ελένη αρέσει πολύ το ταξίδι με το πλοίο γιατί της αρέσει να βλέπει την θάλασσα και τα κύματα. Μέσα στο πλοίο υπάρχουν πολλοί άνθρωποι και πολύς θόρυβος. Μετά από δύο ώρες περίπου το πλοίο φτάνει στο λιμάνι της Ζακύνθου. Η Ελένη και οι γονείς της είναι ενθουσιασμένοι που βλέπουν ξανά το νησί και λιμάνι.

Το εξοχικό τους σπίτι στην Ζάκυνθο τούς περιμένει. Είναι λίγο βρώμικο και πρέπει να το καθαρίσουν, αλλά γενικά είναι πάνω κάτω όπως το είχαν αφήσει. Ο κήπος ήταν πράσινος και τα δέντρα είχαν μεγαλώσει.

- Ζήτωωω! Φτάσαμε!

- Είσαι ευτυχισμένη Ελένη;

- Ναι μαμά! Πάρα πολύ! Επιτέλους είμαστε στο σπίτι!

Ο Γιώργος κι Ζωή, οι φίλοι της Ελένης, βλέπουν την Ελένη κι τρέχουν να την χαιρετήσουν:

- Γεια σας κυρία Μαρία, γεια σας κύριε Πέτρο, γεια σου Ελένη! Τι κάνετε;

- Γεια σας παιδιά, μια χαρά είμαστε, εσείς; Πώς περνάτε;

- Παιδιααα! Πόσο χαίρομαι που σας βλέπω! Θα πάμε για μπάνιο σήμερα;

- Ναι, έχει πολύ ωραία μέρα σήμερα.

- Παιδιά, μήπως ξέρετε ποιος είναι ο νέος γείτονας;

- Δεν ξέρω Ελένη, αλλά ακόμα δεν έχει έρθει κανένας στο σπίτι. Μάλλον θα έρθει σε λίγες μέρες και θα τον δούμε.

- Ο μπαμπάς μου λέει ότι έχει δύο κόρες.

- Α, ωραία! Θα έχουμε καινούργια παρέα φέτος!

3) Στην θάλασσα

Μια και ο καιρός είναι καλός, η Ελένη, μαμά της, η Ζωή, ο Γιώργος και η μαμά τους, η κυρία Κατερίνα, πάνε για μπάνιο στην θάλασσα. Τα σπίτια τους βρίσκονται πολύ κοντά στην παραλία, κι έτσι φτάνουν στην θάλασσα μέσα σε λίγα λεπτά. Η ημέρα είναι πολύ ζεστή και ο ήλιος είναι λαμπερός. Η άμμος είναι κίτρινη και ζεστή.

Τα παιδιά πηγαίνουν αμέσως για μια βουτιά. Η θάλασσα δεν είναι ούτε κρύα, ούτε ζεστή. Τα παιδιά αρχίζουν να παίζουν με το νερό και οι δύο μανάδες κάθονται κάτω από την ομπρέλα.

- Μην μου πετάς νερό, Ζωή! Είναι παγωμένο.

- Σιγά, δεν είναι και τόσο κρύο.

- Παιδιά, θέλετε να πάμε να φτιάξουμε ένα κάστρο στην άμμο;

- Ναιιιιιι! Καλή ιδέα.

Έτσι, οι τρεις φίλοι βγαίνουν από το νερό και ξεκινούν να φτιάχνουν ένα κάστρο στην άμμο. Η Ελένη σκάβει βαθιά την άμμο, αλλά κάποια στιγμή το χέρι της χτυπάει σε κάτι. Νομίζει ότι είναι μια πέτρα και προσπαθεί να την πιάσει. Μετά από λίγο όμως καταλαβαίνει ότι δεν είναι πέτρα, αλλά ένα παλιό αντικείμενο, μάλλον ένα βάζο. Συνεχίζει να σκάβει και τελικά βγάζει από την άμμο κάτι που μοιάζει με έναν μικρό αμφορέα.

- Παιδιά, ελάτε εδώ!

- Ω! Τι είναι αυτό;

- Δεν ξέρω Γιώργο, αλλά φαίνεται να είναι παλιό. Εσύ τι λες Ζωή;

- Ναι, φαίνεται πολύ παλιό. Πρέπει να ρωτήσουμε την μαμά μου που είναι αρχαιολόγος!

Τα παιδιά πηγαίνουν μαζί με τον μικρό αμφορέα προς την ομπρέλα όπου κάθονται οι δύο γυναίκες.

- Μαμά, κοίτα τι βρήκαμε! Τι είναι;

- Για να δω... Χμ... Μοιάζει αρχαίο κι αυθεντικό. Αλλά δεν μπορώ να είμαι σίγουρη. Πάμε στο σπίτι όπου έχω τα εργαλεία μου.

Η κυρία Μαρία και η κυρία Κατερίνα μαζί με τα τρία παιδιά φεύγουν από την παραλία και πάνε προς το σπίτι του Γιώργου και της Ζωής. Η Ελένη έχει πολύ μεγάλη αγωνία. Σκέφτεται ότι αυτό το βάζο μπορεί να είναι αρχαίο και σημαντικό. Ίσως θα πρέπει να το δώσουν σε ένα μουσείο. Ίσως να γράψουν το όνομά της στην ταμπέλα του μουσείου.

Όταν όμως η κυρία Κατερίνα μελετά το βάζο, τα όνειρα της Ελένης σιγά σιγά τελειώνουν. Μετά από μερικά λεπτά η κυρία Κατερίνα λέει:

- Δυστυχώς παιδιά, αυτό δεν είναι ένας αρχαίος αμφορέας. Είναι ένα παλιό σουβενίρ. Λογικά κάποιος το έχασε και για αυτό το βρήκε η Ελένη, που πάντα βρίσκει τα χαμένα πράγματα. Δεν έχει μεγάλη αξία, αλλά αν θέλεις Ελένη, μπορείς να το κρατήσεις.

- Τι κρίμα... Δεν πειράζει. Θα το κρατήσω και θα το έχω στο γραφείο μου, δίπλα από το κρεβάτι μου. Μου αρέσει πολύ αυτό το κόκκινο χρώμα που έχει. Αν αυτός που το έχασε το θέλει πίσω, φυσικά θα του το δώσω. Αλλά ποιος μπορεί να είναι; Μάλλον δεν θα μάθουμε ποτέ.

- Εντάξει Ελένη, κράτησέ το λοιπόν.

Η Ελένη και η μητέρα της επιστρέφουν στο σπίτι τους. Η Ελένη βάζει με μεγάλη προσοχή τον μικρό αμφορέα πάνω στο γραφείο της. Σκέφτεται ότι ίσως η κυρία Κατερίνα κάνει λάθος. Ίσως τελικά να είναι ένα πραγματικό αρχαίο βάζο. Πρέπει να ρωτήσει και κάποιον ακόμα για να είναι σίγουρη. Αλλά ποιον να ρωτήσει;

4) Ο καινούργιος μυστήριος γείτονας

Μετά από μερικές μέρες, έρχονται επιτέλους στην γειτονιά ο καινούργιος γείτονας, η γυναίκα του, και οι δύο κόρες τους. Θα μείνουν στο μεγάλο σπίτι, απέναντι από το σπίτι της Ελένης και δίπλα από το σπίτι του Γιώργου και της Ζωής. Το ίδιο απόγευμα ο νέος γείτονας έρχεται στο σπίτι της Ελένης με ένα κουτί γλυκά.

Η Ελένη τον βλέπει να έρχεται από μακριά. Είναι ένας ψηλός άντρας με μαύρα μαλλιά και μαύρα μάτια. Περπατάει γρήγορα και κοιτάζει ψηλά. Ο άντρας είναι τώρα στην πόρτα του σπιτιού και χτυπάει το κουδούνι. Ο κύριος Πέτρος ανοίγει την πόρτα.

- Καλησπέρα σας, εσείς πρέπει να είστε ο νέος μας γείτονας.

- Καλησπέρα. Ναι, εγώ είμαι. Ορίστε, αυτά είναι για εσάς. Είναι παγωτά, καλύτερα να μπουν στο ψυγείο. Να συστηθώ. Με λένε Βασίλη. Χαίρω πολύ.

- Χάρηκα πολύ Βασίλη, εγώ είμαι ο Πέτρος. Από εδώ η γυναίκα μου, η Μαρία, και η κόρη μου, η Ελένη.

- Χαίρω πολύ Βασίλη.

- Χάρηκα κύριε Βασίλη.

Όλοι κάθονται τώρα στο σαλόνι και μιλάνε τρώγοντας παγωτό. Ο κύριος Βασίλης λέει πως είναι καθηγητής Ιστορίας σε ένα σχολείο και πως οι κόρες του είναι δεκαπέντε και δώδεκα χρονών. Η γυναίκα του, η κυρία Αγγελική, είναι επίσης καθηγήτρια αλλά όχι Ιστορίας, είναι μαθηματικός.

Η Ελένη σκέφτεται πως ένας καθηγητής Ιστορίας ίσως ξέρει να της πει αν το βάζο που βρήκε είναι αρχαίο. Περιμένει λίγο και τον ρωτάει:

- Κύριε Βασίλη, να σας φέρω ένα βάζο να μου πείτε αν είναι αρχαίο;

- Μα Ελένη, η κυρία Κατερίνα το είδε και είπε ότι δεν είναι αρχαίο!

- Δεν πειράζει, μπορώ να το δω κι εγώ. Δεν είμαι αρχαιολόγος, αλλά κάτι ξέρω από αρχαία αντικείμενα.

Όταν ο κύριος Βασίλης πιάνει στα χέρια του τον μικρό αμφορέα, χαμογελάει. Η Ελένη νομίζει ότι χαίρεται που βλέπει το βάζο. Έχει μια περίεργη έκφραση στο πρόσωπό του. Ο κύριος Βασίλης κοιτάει προσεκτικά για ένα δύο λεπτά το μικρό βάζο και μετά λέει:

- Δεν νομίζω ότι είναι αρχαίο, αλλά δεν μπορώ να είμαι σίγουρος.

- Δεν υπάρχει πρόβλημα, ευχαριστούμε για την βοήθεια και για τα παγωτά.

- Πάντως, εκτός από την Ιστορία, μου αρέσουν πολύ και τα φυτά. Βλέπω μερικά πολύ ωραία φυτά στον κήπο σας. Μπορώ να τα δω από κοντά;

- Μα φυσικά! Παρακαλώ, ελάτε μαζί μας.

Η Ελένη ακόμα πιστεύει ότι το βάζο είναι αρχαίο. Γιατί ο καινούργιος γείτονας είχε αυτήν την έκφραση όταν το είδε; Γιατί είπε ότι δεν είναι σίγουρος; Μήπως ήταν σίγουρος και δεν το είπε; Όλα αυτά της έμοιαζαν περίεργα...

Μετά από λίγο ο καινούργιος γείτονας φεύγει. Η ώρα περνάει, και μετά το βραδινό η Ελένη πηγαίνει για ύπνο. Ο μικρός κόκκινος αμφορέας βρίσκεται πάνω στο γραφείο της.

5) Μια περίεργη νύχτα

Το βράδυ φτάνει. Είναι μια ζεστή καλοκαιρινή νύχτα. Έχει αρκετό αέρα και τα κλαδιά των δέντρων κουνιούνται. Πάνω στον ουρανό το φεγγάρι φωτίζει. Η Ελένη, η μαμά της και ο μπαμπάς της κοιμούνται και ο μικρός κόκκινος αμφορέας είναι ακόμα πάνω στο γραφείο.

Ξαφνικά, η Ελένη ξυπνάει. Ένας πολύ δυνατός θόρυβος ακούγεται στον κήπο. Είναι βήματα; Είναι κάποιος στον κήπο; Μετά από λίγο ακούγεται ένα τρίξιμο στο παράθυρο και η Ελένη είναι σίγουρη ότι μια σιλουέτα βρίσκεται κοντά στο παράθυρό της. Κάποιος προσπαθεί να ανοίξει το παράθυρο και να μπει στο δωμάτιο.

Η καρδιά της Ελένης χτυπάει πολύ δυνατά. Αρχίζει να ιδρώνει και προσπαθεί να σκεφτεί τι πρέπει να κάνει. Να φωνάξει; Να ξυπνήσει τους γονείς της; Να ανοίξει τα φώτα; Ή μήπως να κάνει ότι κοιμάται και να δει τι θα γίνει μετά...

Με μια ξαφνική κίνηση το παράθυρο ανοίγει και το τζάμι σπάει. Κάποιος άγνωστος μπαίνει στο δωμάτιό της και κινείται προς το γραφείο. Ή μήπως δεν είναι άγνωστος; Μέσα στο σκοτάδι η Ελένη προσπαθεί να δει το πρόσωπό του. Τελικά κάνει ότι κοιμάται, αλλά έχει τα μάτια της ανοιχτά. Ο άντρας παίρνει γρήγορα το αρχαίο βάζο από το γραφείο και τρέχει προς το παράθυρο.

Η Ελένη φωνάζει:

- Κλέφτης, κλέφτης!

Όμως κανείς δεν την ακούει. Ο άντρας ακούει τις φωνές και γυρίζει να την κοιτάξει. Μα αυτός δεν είναι άγνωστος! Μοιάζει πάρα πολύ με τον....

Η Ελένη ξυπνάει. Όλα τελικά ήταν όνειρο. Το παράθυρο είναι ακόμα κλειστό και το τζάμι δεν είναι σπασμένο. Κανένας δεν μπήκε μέσα στο δωμάτιο. Η Ελένη ηρεμεί, σκέφτεται ότι ήταν απλά ένας εφιάλτης και προσπαθεί να ξανακοιμηθεί. Μετά από λίγα λεπτά αποκοιμιέται και για το υπόλοιπο βράδυ δεν βλέπει άλλο όνειρο.

Όταν όμως το φως του ήλιου μπαίνει στο δωμάτιό της το πρωί, την περιμένει μια έκπληξη. Ο μικρός κόκκινος αμφορέας δεν είναι πάνω στο γραφείο της!

6) Ποιος τον έκλεψε;

Η Ελένη ξυπνάει και δεν μπορεί να πιστέψει αυτό που βλέπει. Σηκώνεται γρήγορα και πηγαίνει στο γραφείο της. Ψάχνει πάνω, κάτω, δεξιά και αριστερά, αλλά το μικρό βάζο δεν είναι πουθενά. Είναι σίγουρη ότι αυτό που είδε χτες το βράδυ ήταν ένα όνειρο, αλλά πώς είναι δυνατόν να λείπει το μικρό βάζο;

Ο άντρας στο όνειρό της έμοιαζε πολύ με τον κύριο Βασίλη, τον καινούργιο τους γείτονα. Κοιτάει ξανά το παράθυρο. Είναι κλειστό και το τζάμι είναι εκεί, στην θέση του. Όχι, κανένας δεν μπήκε το βράδυ από το παράθυρο. Αλλά, πού είναι ο κόκκινος αμφορέας; Μήπως αυτός που το έχασε ήρθε να το πάρει; Ή μήπως ο κύριος Βασίλης κατάλαβε ότι είναι αυθεντικός και αρχαίος και τον έκλεψε;

Όμως η Ελένη τώρα σκέφτεται λογικά. Πρέπει να ρωτήσει τους γονείς της μήπως αυτοί ξέρουν κάτι. Πηγαίνει στον κήπο όπου κάθονται ο πατέρας και η μητέρα της και πίνουν καφέ.

- Μαμά, μπαμπά, δεν βρίσκω πουθενά το βαζάκι μου! Πού είναι; Χτες το βράδυ το είχα αφήσει πάνω στο γραφείο μου και σήμερα δεν είναι εκεί!

- Ηρέμησε παιδί μου, κάπου μέσα στο δωμάτιό σου θα είναι. Έψαξες κάτω από το γραφείο σου; Μπορεί να έπεσε.

- Ναι σου λέω μαμά. Έψαξα παντού και δεν το βρίσκω. Είδα ένα όνειρο χτες το βράδυ, ότι κάποιος μπήκε στο δωμάτιό μου και το έκλεψε.

- Τι λες Ελένη; Κανένας δεν μπήκε στο σπίτι. Θα ψάξουμε όλοι μαζί και θα το βρούμε. Έχουμε χρόνο, επειδή τελικά δεν θα πάμε στην παραλία με τον νέο γείτονα. Έφυγε σήμερα πολύ νωρίς το πρωί.

- Έφυγε; Πού πήγε; Γιατί έφυγε;

- Δεν ξέρω, μάλλον θα είχε κάποια δουλειά. Αλλά η γυναίκα του και οι κόρες του είναι εδώ. Άρα θα γυρίσει σύντομα. Πάμε τώρα να ψάξουμε το βάζο σου.

Ξεκινούν και οι τρεις να ψάχνουν για το χαμένο βάζο σε όλο το σπίτι. Ψάχνουν κάτω από τις καρέκλες, κάτω από τον καναπέ, μέσα στα ντουλάπια, πάνω στο τραπέζι και στο γραφείο, ακόμα και μέσα στο μπάνιο. Ανοίγουν όλες τις ντουλάπες, και όλα τα συρτάρια. Όμως ο αμφορέας δεν είναι πουθενά.

Η Ελένη δεν μπορεί να σταματήσει να σκέφτεται πού πήγε ο καινούργιος γείτονας και γιατί έφυγε σήμερα το πρωί. Μήπως τελικά αυτός έκλεψε το βάζο και τώρα πάει να το κρύψει κάπου; Μήπως το βάζο έχει αξία;

Η μαμά της Ελένης μετά από αρκετή ώρα είναι κουρασμένη και λέει:

- Λοιπόν, νομίζω ότι πρέπει να σταματήσουμε να ψάχνουμε για την ώρα. Είμαι σίγουρη ότι το βάζο είναι μέσα στο σπίτι. Θα σταματήσουμε για λίγο το ψάξιμο, θα φάμε, θα βάλω ένα πλυντήριο και θα δούμε μετά τι θα κάνουμε.

- Να ψάξουμε λίγο ακόμα μαμά! Πρέπει τώρα να φάμε και να βάλεις το πλυντήριο;

- Ναι Ελένη, πρέπει. Δεν έχουμε πολλά καθαρά ρούχα κι εγώ πεινάω πολύ.

- Εντάξει μαμά, αλλά μετά θα συνεχίσουμε να ψάχνουμε.

Η Ελένη ελπίζει ότι δεν θα χάσουν πολύ χρόνο με το φαγητό και το πλυντήριο...

7) Τέλος καλό, όλα καλά

Η κυρία Μαρία, η μητέρα της Ελένης, ανοίγει την πόρτα του πλυντηρίου και έχει δίπλα της μια λεκάνη με άπλυτα ρούχα. Αρχίζει σιγά σιγά να βάζει τα ρούχα από την λεκάνη μέσα στο πλυντήριο. Μετά από λίγο, το χέρι της πιάνει μια κόκκινη μπλούζα της Ελένης. Η κυρία Μαρία σκέφτεται ότι αυτή η μπλούζα ήταν πάνω στο γραφείο της Ελένης σήμερα το πρωί.

Ξαφνικά, κάτι φαίνεται να πέφτει πάνω στα άπλυτα ρούχα. Είναι ο μικρός κόκκινος αμφορέας! Μα πώς βρέθηκε εκεί; Η κυρία Μαρία τώρα κατάλαβε τι έγινε: το πρωί πήγε στο δωμάτιο της Ελένης για να μαζέψει τα άπλυτα ρούχα της. Η κόκκινη μπλούζα ήταν πάνω στο γραφείο, και επειδή και ο αμφορέας είναι κόκκινος, χωρίς να το καταλάβει, τον πήρε μαζί με την μπλούζα.

- Ελένη! Έλα εδώ. Σου έχω μια έκπληξη.

- Έρχομαι μαμά.

- Ορίστε, αυτό που ψάχναμε είναι εδώ. Για πρώτη φορά βρήκα εγώ κάτι που χάσαμε, και όχι εσύ!

- Τέλεια! Χαίρομαι πολύ που το βρήκαμε!

Η Ελένη πιάνει με χαρά το μικρό βάζο στα χέρια της και χαμογελάει. «Τέλος καλό, όλα καλά» σκέφτεται. Τελικά, κανείς δεν έκλεψε τον αμφορέα. Και τώρα πλέον δεν σκέφτεται ότι είναι αυθεντικός, ούτε αρχαίος. Είναι μόνο ο δικός της αμφορέας. Θα τον έχει πάνω στο γραφείο της και θα τον βλέπει κάθε μέρα.

Μετά από λίγες ώρες, ο κύριος Βασίλης επιστρέφει στο σπίτι του. Βγάζει από το αυτοκίνητό του ένα κουτί και πηγαίνει προς το σπίτι της Ελένης. Φτάνει στην πόρτα, χτυπάει το κουδούνι, και ο κύριος Πέτρος τού ανοίγει την πόρτα.

- Καλησπέρα Πέτρο, ήρθα για να σας φέρω γλυκά ξανά. Αυτήν την φορά όμως δεν είναι από μένα. Είναι από τις κόρες μου.

- Αλήθεια; Ευχαριστούμε πάρα πολύ, αλλά δεν ήταν ανάγκη.

- Ήταν ανάγκη, επειδή η μικρή μου κόρη έχει γενέθλια αύριο και θέλει να προσκαλέσει στο πάρτι της την κόρη σου, εσάς, και τα άλλα παιδιά της γειτονιάς με τους γονείς τους. Για αυτό έφυγα σήμερα το πρωί. Πήγα να αγοράσω τα γλυκά από το αγαπημένο μου ζαχαροπλαστείο που είναι λίγο μακριά από εδώ.

- Τέλεια, ευχαριστούμε πολύ και πάλι. Να πεις στην κόρη σου ότι θα έρθουμε αύριο στο πάρτι. Τι ώρα ξεκινάει;

- Στις εφτά. Σας περιμένουμε!

8) <u>Πίσω στην Αθήνα</u>

Το πάρτι ήταν πάρα πολύ ωραίο. Οι δύο κόρες των καινούργιων γειτόνων είναι πολύ φιλικές και η Ελένη νομίζει ότι έχουν πλάκα. Χτες όλο το απόγευμα, η Ζωή, ο Γιώργος, η Ελένη, οι δύο κοπέλες και κάποια άλλα παιδιά που δεν ήξερε η Ελένη, έπαιζαν κρυφτό. Μια νέα καλοκαιρινή παρέα φτιάχτηκε.

Οι πέντε μικροί γείτονες ήταν σχεδόν κάθε μέρα μαζί για όλο το καλοκαίρι. Κάθε μέρα πήγαιναν για μπάνιο με τους γονείς τους, έτρωγαν παγωτά, καρπούζι και καλαμπόκι, και τα απογεύματα έπαιζαν κρυφτό και άλλα παιχνίδια. Μιλούσαν για το σχολείο, για την Ζάκυνθο, και για τα όνειρά τους. Ήταν το καλύτερο καλοκαίρι της Ελένης! Ο κόκκινος μικρός αμφορέας θα της θυμίζει για πάντα αυτό το υπέροχο καλοκαίρι...

Αλλά δυστυχώς, όλες οι διακοπές έχουν ένα τέλος. Οι εβδομάδες πέρασαν και έφτασε η στιγμή για την Ελένη και τους γονείς της να γυρίσουν στην Αθήνα. Μάζεψαν όλα τα πράγματά τους, η Ελένη έβαλε το μικρό βάζο με μεγάλη προσοχή μέσα στην βαλίτσα της και αποχαιρέτισε τους φίλους της. Όλοι είπαν ότι θα είναι εκεί και το επόμενο καλοκαίρι.

Στον δρόμο της επιστροφής, η Ελένη θυμόταν όλες τις ωραίες στιγμές που πέρασε στην Ζάκυνθο. Σκεφτόταν ότι όταν θα πάει στο σχολείο, θα πει στους συμμαθητές της για το καλοκαίρι της και για την «περιπέτεια» που είχε με τον μικρό αμφορέα.

Όταν έφτασε στο σπίτι της στην Αθήνα, έβγαλε το βάζο από την βαλίτσα και το έβαλε πάνω στο γραφείο της. Ένα κομμάτι από την Ζάκυνθο θα βρίσκεται μαζί της. Μπορεί τελικά να μην είναι αρχαίο, αλλά για την αυτήν έχει πολύ μεγάλη σημασία και αξία.

Μετάφραση (translation)

1) Eleni will go on holiday

Eleni is thirteen years old and lives in Athens with her parents. Ever since she was a little girl she loved to look for lost things. Every time someone loses something, they ask Eleni. Once she found her mother's bag, Mrs. Maria's, under her bed!

This summer the whole family will go on holiday to Zakynthos. Zakynthos is an island in Greece, in the Ionian Sea. There they have a house very close to the sea with a big garden and lots of trees. The house is not very new, but it is very beautiful and the family only goes there in summer. It is their country house.

Eleni is happy to travel to Zakynthos again. She really likes the island, and her favourite place is the beach near her house. She likes to swim in the sea, eat fruit and ice cream under the umbrella and play with the sand. Also, her friend Giorgos lives near their house with his sister, Zoe. Giorgos is twelve years old and Zoe is ten.

Eleni is currently preparing her suitcase. Her mother enters her room and says to her:

- Eleni! Are you packing your suitcase?

- Yes, mom, I'm doing it now.

- Don't forget to take your favorite blouse!

- Okay, thank you. I'll put it in the suitcase now.

- Ah! Your father said we'll have a new neighbor this year.

- Really? Who is it? Does he have children?

- I don't know. All I know is that he will stay in Zakynthos all summer. Your father will tell us more about him when he gets back.

Eleni's father, Mr. Petros, comes home after an hour. The whole family is now in the kitchen eating lunch. After lunch, Eleni asks Mr. Petros about their new neighbor:

- Dad, who is this new neighbor of ours? Does he have children?

- Yes, he has two children. Two daughters. But I don't know how old they are. He's a man from Crete and he is a professor.

- Oh, good. I hope they are not too old and I can play with them. Giorgos and Zoe are already in Zakynthos?

- I think so.

Eleni, excited, is waiting for the time when they will leave Athens to go to the island. That time comes the next morning.

2) In Zakynthos

Eleni and her parents start their journey early in the morning, around seven o'clock. It's a bit warm and the sky is cloudless, which means it's a nice day. Inside the car, Eleni's father, Mr. Petros, is putting music on the radio, while her mother, Mrs. Maria, sings from time to time.

Eleni looks out the window and sometimes sees the sea, other times the mountains. When they arrive in Corinth, they stop for breakfast. Her parents eat cheese pies and drink coffee, while Eleni eats a sandwich and drinks an apple juice. After breakfast, they return to the car to continue their journey.

Some hours later they arrive in Kyllini, where they have to catch the ferry to Zakynthos. Eleni really likes the boat trip because she likes to see the sea and the waves. Inside the ship there are a lot of people and a lot of noise. After about two hours the boat arrives at the port of Zakynthos. Eleni and her parents are excited to see the island and port again.

Their country house in Zakynthos is waiting for them. It's a bit dirty and they have to clean it, but overall it is pretty much as they left it. The garden was green and the trees had grown.

- Yeahhh! We're here!

- Are you happy, Eleni?

- Yes, mom! Very happy! We're finally home!

Giorgos and Zoe, Eleni's friends, see Eleni and run to greet her:

- Hello Mrs. Maria, hello Mr. Petros, hello Eleni! How are you?

- Hi guys, we are fine, and you? How are you?

- Guys! How nice to see you! Are we going for a swim today?

- Yes, it's a beautiful day.

- Do you guys know who the new neighbor is?

- I don't know, Eleni, but no one has come to the house yet. He will probably come in a few days and we will see him.

- My dad says he has two daughters.

- Oh, good! We will have new company this year!

3) At the sea

Since the weather is nice, Eleni, her mom, Zoe, Giorgos and their mom, Mrs. Katerina, go for a swim in the sea. Their houses are very close to the beach, so they reach the sea in a few minutes. The day is very hot and the sun is bright. The sand is yellow and warm.

The children immediately go for a swim. The sea is neither cold nor warm. The children start playing with the water and the two mothers sit under the umbrella.

- Don't throw water at me, Zoe! It's frozen.

- Easy, it's not that cold.

- Do you guys want to go build a sand castle?

- Yes! That's a good idea.

So the three friends get out of the water and start building a sand castle. Eleni digs deep into the sand, but at some point her hand hits something. She thinks it is a rock and tries to catch it. But after a while she realizes that it is not a stone, but an old object, probably a jar. She keeps digging and finally pulls out of the sand something that looks like a small amphora.

- Guys, come here!

- Oh! What is this?

- I don't know, Giorgos, but it looks old. What do you think, Zoe?

- Yeah, it looks pretty old. We should ask my mum who is an archaeologist!

The children go with the little amphora to the umbrella where the two women are sitting.

- Mom, look what we found! What is it?

- Let me see... Hmm... It looks ancient and authentic. But I cannot be sure. Let's go to the house where I have my tools.

Mrs. Maria, Mrs. Katerina and the three children leave the beach and head towards Giorgos and Zoe's house. Eleni is very anxious. She thinks that this vase might be ancient and important. Maybe they should give it to a museum. Maybe they put her name on the museum's sign.

But when Mrs. Katerina studies the vase, Eleni's dreams slowly come to an end. After a few minutes Mrs. Katerina says:

- Unfortunately, children, this is not an ancient amphora. It's an old souvenir. Someone must have lost it and that's why Eleni found it, she always finds lost things. It's not worth much, but if you want it, Eleni, you can keep it.

- What a shame... It's all right. I'll keep it and keep it on my desk, next to my bed. I really like that red color. If the person who lost it wants it back, of course I will give it to them. But who could it be? I guess we will never know.

- All right, Eleni, keep it then.

Eleni and her mother are returning home. Eleni carefully places the little amphora on her desk. She thinks that maybe Mrs. Katerina is wrong. Maybe it is a real ancient vase after all. She needs to ask someone else to be sure. But whom should she ask?

4) The new mysterious neighbor

After a few days, the new neighbor, his wife, and their two daughters finally arrive in the neighborhood. They will stay in the big house, across the street from Eleni's house and next door to Giorgos and Zoe's house. That afternoon the new neighbour comes to Eleni's house with a box of sweets.

Eleni sees him coming from a distance. He is a tall man with black hair and black eyes. He walks quickly and looks up. The man is now at the door of the house and rings the doorbell. Mr. Petros opens the door.

- Good evening, you must be our new neighbor.

- Good evening. Yes, it's me. Here, these are for you. It's ice cream, better put it in the fridge. Let me introduce myself. My name is Vasilis. Nice to meet you.

- Nice to meet you, Vasilis, I'm Petros. This is my wife, Maria, and my daughter, Eleni.

- Nice to meet you, Vasilis.

- Nice to meet you, Mr. Vasilis.

Everyone is now sitting in the living room talking and eating ice cream. Mr. Vasilis says that he is a history teacher at a school and that his daughters are fifteen and twelve years old. His wife, Mrs Angeliki, is also a teacher but not of history, she is a mathematician.

Eleni thinks that a history teacher might know how to tell her if the vase she found is ancient. She waits a while and asks him:

- Mr. Vasilis, can I bring you a vase to tell me if it's ancient?

- But Eleni, Mrs. Katerina saw it and said that it is not ancient!

- It doesn't matter, I can see it too. I'm not an archaeologist, but I know something about ancient objects.

When Mr. Vasilis takes the small amphora in his hands, he smiles. Eleni thinks he is happy to see the vase. He has a curious expression on his face. Mr. Vasilis looks carefully at the small vase for a minute or two, then says:

- I don't think it's ancient, but I can't be sure.

- No problem, thanks for your help and for the ice cream.

- Anyway, besides History, I really like plants. I see some very nice plants in your garden. Can I see them more closely?

- Of course! Please come with us.

Eleni still thinks that the vase is ancient. Why did the new neighbor have that expression when he saw it? Why did he say he wasn't sure? Was he sure and didn't say so? All this seemed strange to her.

After a while the new neighbor leaves. Time passes, and after dinner Eleni goes to bed. The little red amphora lies on her desk.

5) A strange night

The evening arrives. It is a warm summer night. There is plenty of wind and the tree branches are trembling. Up in the sky the moon is shining. Eleni, her mum and dad are asleep and the little red amphora is still on the desk.

Suddenly, Eleni wakes up. A very loud noise is heard in the garden. Is it footsteps? Is someone in the garden? After a while there is a creaking sound at the window and Eleni is sure that a silhouette is near her window. Someone is trying to open the window and enter the room.

Eleni's heart is beating very loudly. She starts to sweat and tries to think about what she should do. Should she scream? Should she wake her parents? Should she turn on the lights? Or should she pretend to be asleep and see what happens next?

With a sudden movement the window opens and the glass shatters. A stranger enters her room and moves towards the desk. Or is it not a stranger? In the darkness Eleni tries to see his face. She finally pretends to be asleep, but she has her eyes open. The man quickly takes the ancient vase from the desk and runs to the window.

Eleni screams:

- Thief, thief!

But no one hears her. The man hears the shouting and turns to look at her. But he's not a stranger! He looks very much like....

Eleni wakes up. It was all a dream after all. The window is still closed and the glass is not broken. No one has entered the room. Eleni calms down, thinks it was just a nightmare and tries to go back to sleep. After a few minutes she falls asleep and for the rest of the night she has no more dreams.

But when sunlight enters her room in the morning, she gets a surprise. The little red amphora is not on her desk!

6) Who stole it?

Eleni wakes up and can't believe what she sees. She quickly gets up and goes to her office. She looks up, down, right and left, but the little vase is nowhere to be found. She is sure that what she saw last night was a dream, but how is it possible that the little vase is missing?

The man in her dream looked a lot like Mr. Vasilis, their new neighbor. She looks at the window again. It is closed and the glass is there, in place. No, no one came in through the window last night. But where is the red amphora? Did the one who lost it come to get it? Or did Mr. Vasilis realize it was authentic and ancient and stole it?

But Eleni is now thinking logically. She should ask her parents if they know anything. She goes to the garden where her father and mother are sitting and drinking coffee.

- Mum, dad, I can't find my jar anywhere! Where is it? Last night I left it on my desk and today it's not there!

- Calm down, my child, it must be somewhere in your room. Did you look under your desk? Maybe it fell.

- Yes, I'm telling you, mum. I looked everywhere and I can't find it. I had a dream last night that someone came into my room and stole it.

- What are you saying, Eleni? Nobody came into the house. We will all search together and find it. We have time, because we are not going to the beach with the new neighbor after all. He left very early this morning.

- He left? Where did he go? Why did he leave?

- I don't know, he must have had some business. But his wife and daughters are here. So he will be back soon. Now let's go search your vase.

All three of them start looking for the missing vase all over the house. They look under the chairs, under the couch, inside the cupboards, on the table and desk, and even in the bathroom. They open all closets, and all drawers. But the amphora is nowhere to be found.

Eleni can't stop thinking about where the new neighbor went and why he left this morning. Did he finally steal the vase and now he's going to hide it somewhere? Does the vase have value?

Eleni's mum after a long time is tired and says:

- Well, I think we should stop looking for the moment. I'm sure the vase is in the house. We will stop searching for a while, eat, do some laundry and then see what we do.

- Let's look some more, mum! Do we have to eat and do the laundry now?

- Yes, Eleni, we have to. We don't have a lot of clean clothes and I'm very hungry.

- Okay, mom, but then we'll keep looking.

Eleni hopes they won't waste too much time with food and laundry...

7) Good ending, everything is ok

Mrs. Maria, Eleni's mother, opens the door of the washing machine and has a basin of unwashed clothes next to her. She slowly begins to put the clothes from the basin into the washing machine. After a while, her hand catches a red blouse of Eleni. Mrs. Maria thinks to herself that this blouse was on Eleni's desk this morning.

Suddenly, something seems to fall on the unwashed clothes. It is the little red amphora! But how did it get there? Mrs. Maria now understood what happened: this morning she went to Eleni's room to pick up her unwashed clothes. The red blouse was on the desk, and because the amphora is also red, without realizing it, she took it with the blouse.

- Eleni! Come here. I have a surprise for you.

- I'm coming, mum.

- Here, what we were searching for is here. For the first time I found something we lost, and not you!

- Oh, great! I'm so glad we found it!

Eleni happily takes the small vase in her hands and smiles. "Good ending, everything is ok" she thinks. After all, no one stole the amphora. And now she no longer thinks it's authentic, nor ancient. It's just her amphora. She'll keep it on her desk and look at it every day.

After a few hours, Mr. Vasilis returns home. He takes a box out of his car and goes to Eleni's house. He arrives at the door, rings the bell, and Mr. Petros opens the door for him.

- Good evening Petros, I came to bring you sweets again. But this time they are not from me. They are from my daughters.

- Really? Thank you very much, but you didn't have to do that.

- It was necessary because my little daughter has her birthday tomorrow and she wants to invite your daughter, you, and the other kids of the neighborhood with their parents to her party. That's why I left this morning. I went to buy sweets from my favorite bakery that's a little far away from here.

- Great, thanks so much again. Tell your daughter that we will be at the party tomorrow. What time does it start?

- Seven o'clock. We are waiting for you!

8) Back to Athens

The party was very nice. The two daughters of the new neighbours are very friendly and Eleni thinks they are funny. Yesterday all afternoon, Zoe, Giorgos, Eleni, the two girls and some other kids that Eleni didn't know were playing hide and seek. A new summer group was formed.

The five little neighbors were together almost every day for the whole summer. Every day they were swimming with their parents, eat ice cream, watermelon and corn, and in the afternoons they were playing hide-and-seek and other games. They were talking about school, about Zakynthos, and about their dreams. It was Eleni's best summer ever! The red little amphora will always remind her of that wonderful summer...

But unfortunately, all holidays have an end. The weeks have passed and the time has come for Eleni and her parents to return to Athens. They packed all their stuff, Eleni carefully put the small vase into her suitcase and said goodbye to her friends. They all said they would be there next summer.

On the way back, Eleni remembered all the good times she had spent in Zakynthos. She was thinking that when she goes to school, she will tell her classmates about her summer and about the "adventure" she had with the little amphora.

When she arrived home in Athens, she took the vase out of her suitcase and put it on her desk. A piece of Zakynthos will be with her. It may not be ancient after all, but for her it has great significance and value.

Γραμματική (grammar)

The verb "είμαι" (*to be*)

It is one of the most important verbs in Greek. It does not form all tenses and its conjugation is irregular as you can see in the table below.

	Present tense	Simple future/ Future Continuous	Simple past/ Past Continuous
εγώ	είμαι	θα είμαι	ήμουν
εσύ	είσαι	θα είσαι	ήσουν
αυτός, αυτή, αυτό	είναι	θα είναι	ήταν
εμείς	είμαστε	θα είμαστε	ήμασταν
εσείς	είστε	θα είστε	ήσασταν
αυτοί, αυτές, αυτά	είναι	θα είναι	ήταν

Examples:

1) Ο Χανς **είναι** από την Γερμανία.
   (*Hans comes from Germany*)
2) Του χρόνου **θα είμαι** 28 χρονών.
   (*Next year I will be 28 years old*)
3) Προχτές αυτοί **ήταν** πολύ κουρασμένοι.
   (*Two days ago they were very tired*).

Verbs ending at "-ω"

Present tense

The present tense describes something that is taking place now, in the present. There are no irregular verbs in this tense. There are three classes of verbs: those ending in **consonant and "-ω"**, those ending in **vowel and "-ω"**, and those ending in **"-ώ"** (omega with accent/stress). The tables below show their conjugations:

	Consonant plus "-ω"	Vowel plus "-ω"	"-ώ"
εγώ	κάν**ω**	μιλ**άω**	οδηγ**ώ**
εσύ	κάν**εις**	μιλ**άς**	οδηγ**είς**
αυτός/ αυτή/ αυτό	κάν**ει**	μιλ**άει**	οδηγ**εί**
εμείς	κάν**ουμε**	μιλ**άμε**	οδηγ**ούμε**
εσείς	κάν**ετε**	μιλ**άτε**	οδηγ**είτε**
αυτοί/ αυτές/ αυτά	κάν**ουν**	μιλ**άνε**	οδηγ**ούν**

κάνω = to do

μιλάω = to speak

οδηγώ = to drive

43

Examples:

1) Η μητέρα σου **ακούει** μουσική τώρα.
   (Your mother is listening to music right now)

2) Η Χριστίνα **διαβάζει** ένα βιβλίο.
   (Christina reads a book)

3) Ο Μανώλης **τηλεφωνεί** στηνΑργυρώ.
   (Manolis calls Argiro)

Past continuous

This tense describes an action that was happening for a long time, or repeatedly in the past. Let us see its formation below:

A) Verbs ending at consonant + ω

In order to form the past continuous tense in Greek, we need the first person of the present tense, and we replace "-ω" with "-α". Since the stress must always be on the third syllable from the end, we add an "ἐ-" at the beginning of the verb if there are no three syllables[1].

What results is the first person of past continuous tense. We then conjugate the verb by applying the endings "-α, -ες, -ε, -αμε, -ατε, -αν".

Formation:

Present tense	Past continuous tense
καταλαβαίνω (to understand)	➜ κατα**λά**βαιν**α**
καθαρίζω (to clean)	➜ κα**θά**ριζ**α**
παίζω (to play)	➜ **έ**παιζ**α**
πλένω (to wash)	➜ **έ**πλεν**α**

---

[1] The verbs "ξέρω" *(to know)* and "θέλω" *(to want)* constitute an exception and they form their past continuous tense with the prefix "ή-" instead of an "ἐ-" ➜ ήξερα, ήθελα.

Conjugation:

εγώ	κατα<u>λά</u>βαινα	κα<u>θά</u>ριζα	<u>έ</u>παιζα	<u>έ</u>πλενα
εσύ	κατα<u>λά</u>βαινες	κα<u>θά</u>ριζες	<u>έ</u>παιζες	<u>έ</u>πλενες
αυτός, αυτή, αυτό	κατα<u>λά</u>βαινε	κα<u>θά</u>ριζε	<u>έ</u>παιζε	<u>έ</u>πλενε
εμείς	καταλα<u>βαί</u>ναμε	καθα<u>ρί</u>ζαμε	<u>παί</u>ζαμε	<u>πλέ</u>ναμε
εσείς	καταλα<u>βαί</u>νατε	καθα<u>ρί</u>ζατε	<u>παί</u>ζατε	<u>πλέ</u>νατε
αυτοί, αυτές, αυτά	κατα<u>λά</u>βαιναν	κα<u>θά</u>ριζαν	<u>έ</u>παιζαν	<u>έ</u>πλεναν

B) Verbs ending at –άω / -ώ

In this category of verbs, we take the first person of the present tense and we replace "-άω"/"-ώ" with **"–ούσα"**. So we have the first person of the past continuous tense. Of course the conjugation endings remain the same.

Formation:

Present tense	Past continuous tense
μιλάω (to speak)	➔ μιλ<u>**ούσα**</u>
αγαπάω (to love)	➔ αγαπ<u>**ούσα**</u>
μπορώ (to be able to)	➔ μπορ<u>**ούσα**</u>

Conjugation:

εγώ	μιλ**ούσα**	αγαπ**ούσα**	μπορ**ούσα**
εσύ	μιλ**ούσες**	αγαπ**ούσες**	μπορ**ούσες**
αυτός, αυτή, αυτό	μιλ**ούσε**	αγαπ**ούσε**	μπορ**ούσε**
εμείς	μιλ**ούσαμε**	αγαπ**ούσαμε**	μπορ**ούσαμε**
εσείς	μιλ**ούσατε**	αγαπ**ούσατε**	μπορ**ούσατε**
αυτοί, αυτές, αυτά	μιλ**ούσαν**	αγαπ**ούσαν**	μπορ**ούσαν**

Examples:

1) Ο καθηγητής **περπατούσε** για μία ώρα γύρω από το πάρκο.
   (The teacher was walking for an hour around the park)
2) Τα παιδιά **μιλούσαν** δυνατά.
   (The children were talking loudly)
3) Όταν **ήμουν** μικρός, **έπινα** γάλα κάθε μέρα.
   (When I was young, I was drinking milk every day)

Simple future

The simple future tense describes an action that will take place in the future and about which either we do not know or we do not want to mention any duration or repetition.

Unfortunately, there are no clear rules concerning the formation of the simple future tense (*as is the case of simple past tense in English*). However, in the tables below, we have attempted to categorize some basic verbs. The conjugation endings of the simple future tense are the same with those ones of the present tense.

A) Verbs ending at "–έψω", "-σω" and "-ξω".

Formation:

Present tense		Simple future tense
δουλεύω	(to work)	➜ θα δουλ<u>έψω</u>
μαγειρεύω	(to cook)	➜ θα μαγειρ<u>έψω</u>
ταξιδεύω	(to travel)	➜ θα ταξιδ<u>έψω</u>
αγοράζω	(to buy)	➜ θα αγορά<u>σω</u>
διαβάζω	(to read, to study)	➜ θα διαβά<u>σω</u>
πληρώνω	(to pay)	➜ θα πληρώ<u>σω</u>
παίζω	(to play)	➜ θα παί<u>ξω</u>
φτιάχνω	(to make)	➜ θα φτιά<u>ξω</u>
κοιτάζω	(to look)	➜ θα κοιτά<u>ξω</u>

Conjugation:

εγώ	θα ταξιδέψ**ω**	θα αγοράσ**ω**	θα παίξ**ω**
εσύ	θα ταξιδέψ**εις**	θα αγοράσ**εις**	θα παίξ**εις**
αυτός, αυτή, αυτό	θα ταξιδέψ**ει**	θα αγοράσ**ει**	θα παίξ**ει**
εμείς	θα ταξιδέψ**ουμε**	θα αγοράσ**ουμε**	θα παίξ**ουμε**
εσείς	θα ταξιδέψ**ετε**	θα αγοράσ**ετε**	θα παίξ**ετε**
αυτοί, αυτές, αυτά	θα ταξιδέψ**ουν**	θα αγοράσ**ουν**	θα παίξ**ουν**

B) Verbs ending at "–ήσω", "-έσω" and "-άσω".

Formation:

Present tense		Simple future tense
μιλάω	*(to speak)*	➔ θα μιλ**ήσω**
κρατάω	*(to hold)*	➔ θα κρατ**ήσω**
περπατάω	*(to walk)*	➔ θα περπατ**ήσω**
πονάω	*(to feel pain)*	➔ θα πον**έσω**
μπορώ	*(to be able to)*	➔ θα μπορ**έσω**
περνάω	*(to pass)*	➔ θα περ**άσω**
ξεχνάω	*(to forget)*	➔ θα ξεχ**άσω**

Conjugation:

εγώ	θα μιλήσ**ω**	θα μπορέσ**ω**	θα ξεχάσ**ω**
εσύ	θα μιλήσ**εις**	θα μπορέσ**εις**	θα ξεχάσ**εις**
αυτός, αυτή, αυτό	θα μιλήσ**ει**	θα μπορέσ**ει**	θα ξεχάσ**ει**
εμείς	θα μιλήσ**ουμε**	θα μπορέσ**ουμε**	θα ξεχάσ**ουμε**
εσείς	θα μιλήσ**ετε**	θα μπορέσ**ετε**	θα ξεχάσ**ετε**
αυτοί, αυτές, αυτά	θα μιλήσ**ουν**	θα μπορέσ**ουν**	θα ξεχάσ**ουν**

C) Irregular verbs

Formation:

Present tense		Simple future tense
μένω	*(to stay)*	➔ θα μείνω
βλέπω	*(to see)*	➔ θα δω
βγαίνω	*(to go out)*	➔ θα βγω
μπαίνω	*(to enter)*	➔ θα μπω
δίνω	*(to give)*	➔ θα δώσω
πίνω	*(to drink)*	➔ θα πιω
λέω	*(to say)*	➔ θα πω
πλένω	*(to wash)*	➔ θα πλύνω

φέρνω	(to bring)	→ θα φέρω
παίρνω	(to take)	→ θα πάρω
βρίσκω	(to find)	→ θα βρω
τρώω	(to eat)	→ θα φάω
ανεβαίνω	(to go up)	→ θα ανέβω/θα ανεβώ
κατεβαίνω	(to go down)	→ θα κατέβω/θα κατεβώ

Conjugation:

εγώ	θα δω	θα πιω	θα φάω
εσύ	θα δεις	θα πιεις	θα φας
αυτός, αυτή, αυτό	θα δει	θα πιει	θα φάει
εμείς	θα δούμε	θα πιούμε	θα φάμε
εσείς	θα δείτε	θα πιείτε	θα φάτε
αυτοί, αυτές, αυτά	θα δουν	θα πιουν	θα φάνε

D) Verbs that don't change in simple future tense

Formation:

Present tense		Simple future tense
περιμένω	(to wait)	➔ θα περιμένω
πάω	(to go)	➔ θα πάω
έχω	(to have)	➔ θα έχω
κάνω	(to do)	➔ θα κάνω
ξέρω	(to know)	➔ θα ξέρω

Conjugation:

εγώ	θα έχω	θα κάνω	θα πάω
εσύ	θα έχεις	θα κάνεις	θα πας
αυτός, αυτή, αυτό	θα έχει	θα κάνει	θα πάει
εμείς	θα έχουμε	θα κάνουμε	θα πάμε
εσείς	θα έχετε	θα κάνετε	θα πάτε
αυτοί, αυτές, αυτά	θα έχουν	θα κάνουν	θα πάνε

Examples:

1) Αύριο **θα καθαρίσω** το δωμάτιό μου.
   (Tomorrow I will clean my room)
2) Οι εργάτες δεν **θα δουλέψουν** το απόγευμα.
   (The workers will not work in the evening)
3) Η Ελένη **θα** σου **στείλει** ένα μήνυμα την επόμενη εβδομάδα.
   (Eleni will send you a message next week)
4) Μεθαύριο **θα πάμε** εκδρομή.
   (The day after tomorrow we will go on a trip)
5) Την Τρίτη δεν **θα πλύνουμε** το αυτοκίνητο.
   (On Tuesday we will not wash the car)

Simple past

The simple past tense describes an action that took place in the past and about which either we do not know or we do not want to mention any duration or repetition. This tense has both regular and irregular verbs. Let us see below how both of them are formed:

A) Regular verbs

To form the past tense of regular verbs in Modern Greek, we need the simple future tense of the verb. We remove "**θα**" and we replace "**-ω**" with "**-α**". Also, the stress must always be on the third syllable from the end. If there is no third syllable, we create it ourselves by adding "**έ-**" at the beginning of the verb.

The verb we now have is the first person of the simple past tense. Now we conjugate it by applying the endings of the simple past tense, as shown in the tables below.

Formation:

Present tense	Simple future tense	Simple past tense
μιλάω (to speak)	θα μιλήσω	➜ μίλησα
καθαρίζω (to clean)	θα καθαρίσω	➜ καθάρισα
παίζω (to play)	θα παίξω	➜ έπαιξα
πλένω (to wash)	θα πλύνω	➜ έπλυνα

Conjugation:

εγώ	μίλησα	καθάρισα	έπαιξα	έπλυνα
εσύ	μίλησες	καθάρισες	έπαιξες	έπλυνες
αυτός, αυτή, αυτό	μίλησε	καθάρισε	έπαιξε	έπλυνε
εμείς	μιλήσαμε	καθαρίσαμε	παίξαμε	πλύναμε
εσείς	μιλήσατε	καθαρίσατε	παίξατε	πλύνατε
αυτοί, αυτές, αυτά	μίλησαν	καθάρισαν	έπαιξαν	έπλυναν

B) Irregular verbs

Irregular verbs are all verbs that form the simple past tense without following the above rules. Regarding their conjugation, the endings are the same with the regular verbs. In the following table, we will see the most common ones.

Formation:

Present tense		Simple past tense
πίνω	*(to drink)*	➔ ήπια
λέω	*(to say)*	➔ είπα
βρίσκω	*(to find)*	➔ βρήκα
μπαίνω	*(to enter)*	➔ μπήκα
βγαίνω	*(to exit)*	➔ βγήκα
θέλω	*(to want)*	➔ ήθελα
τρώω	*(to eat)*	➔ έφαγα
βλέπω	*(to see)*	➔ είδα
παίρνω	*(to take)*	➔ πήρα
ανεβαίνω	*(to go up)*	➔ ανέβηκα
κατεβαίνω	*(to go down)*	➔ κατέβηκα

Examples:

1) Πέρυσι **πήγαμε** διακοπές στο Μεξικό.
   (*Last year we went on holidays in Mexico*)

2) Χτες **είδα** μια πολύ ωραία ταινία.
   (*Yesterday I saw a very nice movie*)

3) Οι φίλοι σου **μίλησαν** στα ελληνικά προχτές.
   (*Your friends spoke in Greek two days ago*)

Nouns

The nouns belong to the declined parts of speech, referring to names, things, days, months, etc. They have article, gender and number.

Masculine nouns

- Masculine nouns ending at **"-ας"**

Singular number

Nominative	ο αναπτήρας	ο πίνακας
Genitive	του αναπτήρα	του πίνακα
Accusative	τον αναπτήρα	τον πίνακα
Vocative	αναπτήρα	πίνακα

Plural number

Nominative	οι αναπτήρες	οι πίνακες
Genitive	των αναπτήρων	των πινάκων
Accusative	τους αναπτήρες	τους πίνακες
Vocative	αναπτήρες	πίνακες

ο αναπτήρας = the lighter

ο πίνακας = the board

- Masculine nouns ending at **"-ης"**

Singular number

Nominative	ο ναύτης	ο μαθητής
Genitive	του ναύτη	του μαθητή
Accusative	τον ναύτη	τον μαθητή
Vocative	ναύτη	μαθητή

Plural number

Nominative	οι ναύτες	οι μαθητές
Genitive	των ναυτών	των μαθητών
Accusative	τους ναύτες	τους μαθητές
Vocative	ναύτες	μαθητές

ο ναύτης = the sailor

ο μαθητής = the student

- Masculine nouns ending at **"-ος"**

Singular number

Nominative	ο σκύλος	ο δάσκαλος
Genitive	του σκύλου	του δασκάλου
Accusative	τον σκύλο	τον δάσκαλο
Vocative	σκύλε	δάσκαλε

Plural number

Nominative	οι σκύλοι	οι δάσκαλοι
Genitive	των σκύλων	των δασκάλων
Accusative	τους σκύλους	τους δασκάλους
Vocative	σκύλοι	δάσκαλοι

ο σκύλος = the dog

ο δάσκαλος = the teacher

Feminine nouns

- Feminine nouns ending at **_"-α"_**

Singular number

Nominative	η ταβέρνα	η γυναίκα
Genitive	της ταβέρνας	της γυναίκας
Accusative	την ταβέρνα	την γυναίκα
Vocative	ταβέρνα	γυναίκα

Plural number

Nominative	οι ταβέρνες	οι γυναίκες
Genitive	των ταβερνών	των γυναικών
Accusative	τις ταβέρνες	τις γυναίκες
Vocative	ταβέρνες	γυναίκες

η ταβέρνα = the tavern

η γυναίκα = the woman

- Feminine nouns ending at "**-η**"

Singular number

Nominative	η αδερφή	η αγάπη
Genitive	της αδερφής	της αγάπης
Accusative	την αδερφή	την αγάπη
Vocative	αδερφή	αγάπη

Plural number

Nominative	οι αδερφές	οι αγάπες
Genitive	των αδερφών	των αγαπών
Accusative	τις αδερφές	τις αγάπες
Vocative	αδερφές	αγάπες

η αδερφή = the sister

η αγάπη = the love

Neuter nouns

- Neuter nouns ending at **"-o"**

Singular number

Nominative	το νερό	το δάχτυλο
Genitive	του νερού	του δαχτύλου
Accusative	το νερό	το δάχτυλο
Vocative	νερό	δάχτυλο

Plural number

Nominative	τα νερά	τα δάχτυλα
Genitive	των νερών	των δαχτύλων
Accusative	τα νερά	τα δάχτυλα
Vocative	νερά	δάχτυλα

το νερό = the water

το δάχτυλο = the finger

- Neuter nouns ending at **"-ι"**

Singular number

Nominative	το σπίτι	το ψωμί
Genitive	του σπιτιού	του ψωμιού
Accusative	το σπίτι	το ψωμί
Vocative	σπίτι	ψωμί

Plural number

Nominative	τα σπίτια	τα ψωμιά
Genitive	των σπιτιών	των ψωμιών
Accusative	τα σπίτια	τα ψωμιά
Vocative	σπίτια	ψωμιά

το σπίτι = the house

το ψωμί = the bread

- Neuter nouns ending at **"-μα"**

Singular number

Nominative	το πρόβλημα	το χρώμα
Genitive	του προβλήματος	του χρώματος
Accusative	το πρόβλημα	το χρώμα
Vocative	πρόβλημα	χρώμα

Plural number

Nominative	τα προβλήματα	τα χρώματα
Genitive	των προβλημάτων	των χρωμάτων
Accusative	τα προβλήματα	τα χρώματα
Vocative	προβλήματα	χρώματα

το πρόβλημα = the problem

το χρώμα = the color

Σημειώσεις (notes)

Made in United States
North Haven, CT
20 April 2025

68132307R00039